监察法实施条例学习百问百答

中国法治出版社

图书在版编目（CIP）数据

监察法实施条例学习百问百答 / 中国法治出版社编. 北京：中国法治出版社，2025.6. -- （法律法规学习百问百答系列）. -- ISBN 978-7-5216-5415-8

Ⅰ. D922.114.5

中国国家版本馆 CIP 数据核字第 2025BE2762 号

责任编辑：秦智贤　　　　　　　　　　封面设计：杨鑫宇

监察法实施条例学习百问百答
JIANCHAFA SHISHI TIAOLI XUEXI BAIWEN BAIDA

经销/新华书店
印刷/保定市中画美凯印刷有限公司
开本/880 毫米×1230 毫米　64 开　　　印张/2　字数/51 千
版次/2025 年 6 月第 1 版　　　　　　　2025 年 6 月第 1 次印刷

中国法治出版社出版
书号 ISBN 978-7-5216-5415-8　　　　　　　　　定价：10.00 元

北京市西城区西便门西里甲 16 号西便门办公区
邮政编码：100053　　　　　　　　　传真：010-63141600
网址：http://www.zgfzs.com　　　编辑部电话：**010-63141798**
市场营销部电话：**010-63141612**　　印务部电话：**010-63141606**

（如有印装质量问题，请与本社印务部联系。）

目 录

第一章 总 则

1. 《监察法实施条例》的立规目的是什么? … 1
2. 如何一体推进不敢腐、不能腐、不想腐工作? … 2
3. 如何保障监察对象以及相关人员的合法权益? … 3

第二章 监察机关及其职责

4. 监察委员会如何派驻或者派出监察机构、监察专员? … 4
5. 什么是监察"再派出"制度? … 4
6. 监察机关如何加强对公职人员的教育? …… 6

7. 监察机关如何加强基层监督工作? ············ 6

8. 监察机关如何以办案促进整改、以监督促进治理? ············ 7

9. 监察机关如何加强信息化监督? ············ 8

10. 监察机关负责调查的职务违法包括哪些行为? ············ 8

11. 监察机关发现公职人员存在其他违法行为,哪些情形下,可以依法进行调查、处置? ············ 9

12. 监察机关有权对哪些职务犯罪进行调查? ············ 10

13. 监察机关发现监察对象所在单位具有哪些情形,需要整改纠正的,依法提出监察建议? ············ 14

第三章 监察范围和管辖

14. 监察机关对哪些公职人员和有关人员进行监察? ············ 16

15. 监察对象中的公务员和参照《公务员法》管理的人员包括哪些? ………… 17

16. 监察对象中的法律、法规授权或者受国家机关依法委托管理公共事务的组织中从事公务的人员包括哪些? …… 18

17. 监察对象中的国有企业管理人员包括哪些? ……………………………… 19

18. 监察对象中的公办的教育、科研、文化、医疗卫生、体育等单位中从事管理的人员包括哪些? ……………… 20

19. 监察对象中的基层群众性自治组织中从事管理的人员包括哪些? ………… 20

20. 监察对象中的其他依法履行公职的人员包括哪些? ……………………… 21

21. 有关机关、单位、组织集体作出的决定违法或者实施违法行为的,如何追究法律责任? ……………………… 23

22. 各级监察机关如何确定管辖范围? …… 23

23. 什么情形下可以指定管辖? …………… 24

24. 什么情形下可以提级管辖? …………… 25
25. 监察机关开展监督、调查、处置的
　　 管辖原则是什么? …………………… 26
26. 工作单位在地方、管理权限在主管
　　 部门的公职人员涉嫌职务违法和职
　　 务犯罪,如何确定管辖? …………… 27

第四章　监　察　权　限

27. 监察机关如何合理确定采取监察措
　　 施的对象、种类和期限? …………… 29
28. 监察机关可以依法采取哪些监察措施? … 29
29. 对可能发生职务违法的监察对象,
　　 监察机关可以采取什么措施? ……… 30
30. 什么情形下,监察机关可以对被调
　　 查人进行谈话、讯问? ……………… 31
31. 开展调查取证工作同步录音录像有
　　 什么要求? …………………………… 31
32. 采取、解除或者变更监察措施,如
　　 何告知、通知相关人员? …………… 32

33. 哪些人员不得担任见证人？ …………… 33

34. 监察机关依法变更监察强制措施的，原监察强制措施是否解除？ ………… 34

35. 监察机关需要提请公安机关协助采取措施的，有什么程序要求？ ………… 34

36. 调查人员如何依法文明规范开展调查工作？ ………………………………… 35

37. 监察机关对涉嫌职务违法的监察对象进行谈话，有什么程序要求？ ……… 36

38. 监察机关处置一般性问题线索时开展谈话，有什么程序要求？ …………… 36

39. 立案后，与被责令候查人员或者未被限制人身自由的被调查人谈话，有什么程序要求？ ……………………… 37

40. 调查人员与被强制到案人员、被管护人员、被留置人员或者被禁闭人员谈话的，有什么程序要求？ ………… 37

41. 什么情形下，可以对被调查人采取强制到案措施？ ……………………… 38

42. 强制到案的场所、决定书的填写、持续时间有什么要求? …… 39
43. 强制到案后,对被调查人开展谈话和讯问的时间有什么要求? …… 40
44. 强制到案期满,应当立即结束强制到案吗? …… 40
45. 什么情形下,可以对被调查人采取责令候查措施? …… 41
46. 采取责令候查措施有什么程序要求? …… 42
47. 采取责令候查措施后,监察机关应当如何通知被责令候查人员所在单位和家属? …… 43
48. 执行责令候查的监察机关应当履行哪些职责? …… 44
49. 被责令候查人员应当遵守什么规定? …… 45
50. 什么情形下,被责令候查人员经批准可以离开所居住的市、县? …… 45
51. 被责令候查人员需要离开所居住的市、县的,如何提出申请,应当遵守什么要求? …… 46

目 录

52. 什么情形下，可以认定被责令候查
人员违反责令候查规定？ ……… 47
53. 被管护人员、被留置人员、被禁闭
人员及其近亲属可以向监察机关申
请变更为责令候查措施吗？ ……… 49
54. 如何解除责令候查措施？ ……… 50
55. 什么情形下，可以对未被留置人员
采取管护措施？ ……………………… 51
56. 采取管护措施有什么程序要求？ …… 51
57. 采取管护措施后，将被管护人员送
留置场所有什么时间要求？ ………… 52
58. 采取管护措施后，监察机关应当如
何通知被管护人员所在单位和家属？ …… 52
59. 采取管护措施后，监察机关对被管护
人员进行谈话、讯问有什么时间要求？ …… 53
60. 管护时间是多久？ ……………… 53
61. 什么情形下，可以解除管护或者变
更为责令候查措施？ ………… 54

7

62. 什么情形下，监察机关可以对被调查人采取留置措施？ ······ 55
63. 被调查人具有什么情形，可以认定为"可能逃跑、自杀"？ ······ 57
64. 被调查人具有什么情形，可以认定为"可能串供或者伪造、隐匿、毁灭证据"？ ··· 58
65. 被调查人具有什么情形，可以认定为"可能有其他妨碍调查行为"？ ······ 59
66. 对哪些人员不得采取留置措施？ ······ 59
67. 采取留置措施有什么程序要求？ ······ 60
68. 采取留置措施后，监察机关应当如何通知被留置人员所在单位和家属？ ······ 60
69. 采取留置措施后，监察机关对被留置人员进行谈话、讯问有什么时间要求？ ······ 61
70. 留置时间是多久？ ······ 62
71. 再延长留置时间有什么程序要求？ ······ 63
72. 报请批准延长或者再延长留置时间的，报请材料应当写明哪些情况？ ······ 64
73. 什么情形下，可以重新计算留置时间？ ··· 65

74. 重新计算留置时间的,留置时间是
多久? 可以延长、再延长吗? ·············· 66
75. 什么情形下可以解除留置或者变更
为责令候查措施? ························ 67
76. 什么情形下,监察机关可以查询、
冻结涉案单位和个人的财产? ·········· 68
77. 什么情形下,监察机关可以进行搜查? ··· 69
78. 什么情形下,监察机关可以采取调
取、查封、扣押措施? ··················· 69

第五章 监察程序

79. 监督检查部门应当按照什么方式处
置问题线索? ···························· 71
80. 如何采取适当了解方式处置问题线索? ····· 72
81. 如何采取谈话方式处置问题线索? ······ 72
82. 监察机关发现公职人员有职务违法
行为但情节较轻的,如何处理? ········· 75
83. 什么情形下,案件审理部门根据案
件审理情况,可以与被调查人谈话?
有什么程序要求? ························ 76

84. 审理工作结束后如何形成审理报告? …… 78

85. 如何制作监察建议书? ………………… 79

86. 监察机关如何研究提出监察建议? ……… 80

87. 对于涉嫌行贿等犯罪的非监察对象,案件调查终结后如何处理? …………… 80

88. 如何对违法取得的财物及孳息进行追缴或者责令退赔? ………………… 82

89. 监察机关在正式移送起诉前,如何向人民检察院预告移送事宜? ………… 83

90. 对人民检察院退回补充调查的案件,应当如何处理? ……………………… 84

第六章 反腐败国际合作

91. 地方各级监察机关通过境外追诉方式办理相关涉外案件的,有什么程序要求? ……………………………… 86

第七章　对监察机关和监察人员的监督

92. 各级监察委员会应当如何在本级人民代表大会常务委员会全体会议上报告专项工作? ………… 87

93. 各级监察委员会应当如何对待本级人民代表大会常务委员会组织的执法检查? ………… 88

94. 各级监察委员会在本级人民代表大会常务委员会会议审议与监察工作有关的议案和报告时,应当如何听取意见,回答询问? ………… 89

95. 各级监察机关如何选聘特约监察员? …… 90

96. 监察机关应当部署使用怎样的监察一体化工作平台? ………… 91

97. 监察机关及其监督检查、调查部门负责人如何加强对调查全过程的监督? …… 91

98. 监察机关及其工作人员在履行职责过程中如何依法保护企业产权和自主经营权? 92
99. 什么情形下,监察机关对涉嫌严重职务违法或者职务犯罪的监察人员可以采取禁闭措施? 94
100. 采取禁闭措施有什么程序要求? 95
101. 采取禁闭措施后,监察机关应当如何通知被禁闭人员所在单位和家属? ... 95
102. 什么情形下,可以解除禁闭或者变更为责令候查措施? 96
103. 什么情形下,被调查人及其近亲属、利害关系人可以向监察机关提出申诉? 98
104. 监察机关案件监督管理部门如何对申诉反映的问题进行核实? 99
105. 监察机关应当在什么期限内,向申诉人送达申诉处理决定书? 99

106. 申诉人对申诉处理决定不服的,可以向上一级监察机关申请复查吗? …… 100
107. 监察机关如何加强留置场所管理和监督工作? …………………………… 100
108. 发生办案安全事故、事件的,如何处理? ……………………………… 101

第八章 法律责任

109. 有关单位拒不执行监察机关依法作出的处理决定的,如何处理? ………… 102
110. 监察对象对控告人、申诉人、批评人、检举人、证人、监察人员进行报复陷害的,如何处理? ………………… 103
111. 控告人、检举人、证人诬告陷害的,如何处理? …………………………… 103
112. 监察机关应当如何建立健全办案安全责任制? ……………………………… 104

113. 监察人员在履行职责中有哪些职务违法和职务犯罪行为的,依法严肃处理? ……… 105

114. 对监察人员在履行职责中存在违法、犯罪行为的,如何处理? ……… 107

115. 监察机关及其工作人员在行使职权时,具有哪些情形的,受害人可以申请国家赔偿? ……… 107

第九章 附 则

116. 什么是严重职务违法? ……………… 109
117. 什么是重大职务犯罪、重大贪污贿赂等职务犯罪? ……………… 109
118. 同种罪行和不同种罪行,应当如何区分? ……………… 110
119. 如何计算期间? ……………… 110

第一章 总 则

1. 《监察法实施条例》[①] 的立规目的是什么?

根据《监察法实施条例》第一条的规定,《监察法实施条例》的立规目的是推动监察工作法治化、规范化,保障依法公正行使监察权。《监察法》第五条规定,国家监察工作严格遵照宪法和法律,以事实为根据,以法律为准绳;权责对等,严格监督;遵守法定程序,公正履行职责;尊重和保障人权,在适用法律上一律平等,保障监察对象及相关人员的合法权益;惩戒与教育相结合,宽严相济。

---

① 《中华人民共和国监察法实施条例》,本书中简称《监察法实施条例》。本书中其他法律法规均采用此简称规则。

《监察法实施条例》第一条将2024年修正的《监察法》新增的工作原则"遵守法定程序,公正履行职责"的相关精神贯彻体现到《监察法实施条例》的立规目的中。

2. 如何一体推进不敢腐、不能腐、不想腐工作?

《监察法实施条例》第五条规定,监察机关应当坚定不移惩治腐败,推动深化改革、完善制度,规范权力运行,加强新时代廉洁文化建设,引导公职人员提高觉悟、担当作为、依法履职,一体推进不敢腐、不能腐、不想腐,着力铲除腐败滋生的土壤和条件。

本条充实完善了"不敢腐、不能腐、不想腐"相关规定,增写"加强新时代廉洁文化建设","着力铲除腐败滋生的土壤和条件"。

3. 如何保障监察对象以及相关人员的合法权益？

《监察法实施条例》第七条规定，监察机关应当尊重和保障人权，在适用法律上一律平等，充分保障监察对象以及相关人员的人身权、知情权、财产权、申辩权、申诉权以及申请复审复核权等合法权益。

本条强调了2024年修正的《监察法》新增的工作原则"尊重和保障人权"。

第二章　监察机关及其职责

4. 监察委员会如何派驻或者派出监察机构、监察专员？

《监察法》第十二条第一款、第四款规定，各级监察委员会可以向本级中国共产党机关、国家机关、中国人民政治协商会议委员会机关、法律法规授权或者委托管理公共事务的组织和单位以及辖区内特定区域、国有企业、事业单位等派驻或者派出监察机构、监察专员。监察机构、监察专员对派驻或者派出它的监察委员会或者监察机构、监察专员负责。

5. 什么是监察"再派出"制度？

《监察法》第十二条第二款、第三款规定，经国家监察委员会批准，国家监察委员会派驻本级实行垂直管理或者双重领导并以上级单位领导为主的单位、国有企业的监察机构、监察专员，可以向驻在单位的下一级单位再派出。

经国家监察委员会批准，国家监察委员会派驻监察机构、监察专员，可以向驻在单位管理领导班子的普通高等学校再派出；国家监察委员会派驻国务院国有资产监督管理机构的监察机构，可以向驻在单位管理领导班子的国有企业再派出。

2024年修正的《监察法》新增监察"再派出"制度，有利于实现监察权向下延伸，破解垂管系统的瓶颈问题，增强监察监督全覆盖的有效性，同时将相关企业、高校与垂管系统一并考虑，纳入监察再派出的范畴。

根据《监察法实施条例》第十四条规定，经国家监察委员会批准，国家监察委员会有关派驻监察机构、监察专员可以按照《监察法》第十二条第二款、第三款规定再派出。再派出监察机构、监察专员开展监察工作，受派出它的监察机构、监察专员领导。再派出监察机构、监察专员根据授权，按照管理权限依法对再派出监督单位的公职人员开展监督，对职务违法进行调查、处置。职务犯罪的调查、处置，按照本条例第五十二条第二款规定办理。

6. 监察机关如何加强对公职人员的教育？

《监察法实施条例》第十七条规定，监察机关应当加强对公职人员理想信念教育、为人民服务教育、宪法法律法规教育和社会主义先进文化、革命文化、中华优秀传统文化教育，弘扬社会主义核心价值观，深入开展警示教育，教育引导公职人员树立正确的权力观、政绩观、事业观，保持为民务实清廉本色。

7. 监察机关如何加强基层监督工作？

《监察法实施条例》第二十一条规定，监察机关应当加强基层监督工作，促进基层监督资源和力量整合，有效衔接村（居）务监督等各类基层监督,畅通群众监督渠道,及时发现、处理侵害群众利益的不正之风和腐败问题。

本条是2025年修订的《监察法实施条例》新增规定,要求促进资源和力量整合,有效衔接各类基层监督。

8. 监察机关如何以办案促进整改、以监督促进治理?

《监察法实施条例》第二十二条规定,监察机关应当以办案促进整改、以监督促进治理,在查清问题、依法处置的同时,剖析问题发生的原因,发现制度建设、权力配置、监督机制等方面存在的问题,向有关机关、单位提出改进工作的意见或者监察建议,促进完善制度,提高治理效能。

对同一行业、系统、区域相关职务违法或者职务犯罪案件,监察机关应当加强类案分析,深入挖掘存在的共性问题,提出综合性改进工作的意见或者监察建议。

本条第二款是 2025 年修订的《监察法实施条例》新增规定，推动从源头着力、向治本深化，实现标本兼治、系统施治。

9. 监察机关如何加强信息化监督？

《监察法实施条例》第二十三条规定，监察机关应当依法运用大数据、人工智能等信息化手段，整合各类监督信息资源，强化数据综合分析研判，促进及时预警风险、精准发现问题。

本条是 2025 年修订的《监察法实施条例》新增规定，适应信息技术迅猛发展的新形势，新增信息化监督规定，以信息化赋能正风反腐。

10. 监察机关负责调查的职务违法包括哪些行为？

《监察法实施条例》第二十六条规定，监察机关负责调查的职务违法是指公职人员实施的与其职务相关联，虽不构成犯罪但依法应当承担法律责任的下列违法行为：

（1）利用职权实施的违法行为；

（2）利用职务上的影响实施的违法行为；

（3）履行职责不力、失职失责的违法行为；

（4）其他违反与公职人员职务相关的特定义务的违法行为。

11. 监察机关发现公职人员存在其他违法行为，哪些情形下，可以依法进行调查、处置？

《监察法实施条例》第二十七条规定，监察机关发现公职人员存在其他违法行为，具有下列情形之一的，可以依法进行调查、处置：

（1）超过行政违法追究时效，或者超过犯罪追诉时效、未追究刑事责任，但需要依法给予政务处分的；

（2）被追究行政法律责任，需要依法给予政务处分的；

（3）监察机关调查职务违法或者职务犯罪时，对被调查人实施的事实简单、清楚，需要依法给予政务处分的其他违法行为一并查核的。

监察机关发现公职人员成为监察对象前有前述规定的违法行为的，依照前述规定办理。

12. 监察机关有权对哪些职务犯罪进行调查？

根据《监察法实施条例》第二十八条至第三十四条、第五十五条第一款的规定，监察机关依法调查的职务犯罪包括以下七类犯罪，共101个罪名：

（1）监察机关依法调查涉嫌贪污贿赂犯罪，包括贪污罪，挪用公款罪，受贿罪，单位受贿罪，利用影响力受贿罪，行贿罪，对有影响力的人行贿罪，对单位行贿罪，介绍贿赂罪，单位行贿罪，巨额财产来源不明罪，隐瞒境外存款罪，私分国有资产罪，私分罚没财物罪，以及公职人员在行使公权力过程中实施的职务侵占罪，挪用资金罪，对外国公职人员、国际公共组织官员行贿罪，非国家工作人员受贿罪和相关联的对非国家工作人员行贿罪。

（2）监察机关依法调查公职人员涉嫌滥用职权犯罪，包括滥用职权罪，国有公司、企业、事业单位人员滥用职权罪，滥用管理公司、证券职权罪，食品、药品监管渎职罪，故意泄露国家秘密罪，报复陷害罪，阻碍解救被拐卖、绑架妇女、儿童罪，帮助犯罪分子逃避处罚罪，违法发放林木采伐许可证罪，办理偷越国（边）境人员出入境证件罪，放行偷越国（边）境人员罪，挪用特定款物罪，非法剥夺公民宗教信仰自由罪，侵犯少数民族风俗习惯罪，打击报复会计、统计人员罪，以及司法工作人员以外的公职人员利用职权实施的非法拘禁罪、虐待被监管人罪、非法搜查罪。

（3）监察机关依法调查公职人员涉嫌玩忽职守犯罪，包括玩忽职守罪，国有公司、企业、事业单位人员失职罪，签订、履行合同失职被骗罪，国家机关工作人员签订、履行合同失职被骗罪，环境监管失职罪，传染病防治失职罪，商检失职罪，动植物检疫失职罪，不解救被拐卖、绑架妇女、儿童罪，失职造成珍贵文物损毁、流失罪，过失泄露国家秘密罪。

（4）监察机关依法调查公职人员涉嫌徇私舞弊犯罪，包括徇私舞弊低价折股、出售公司、企业资产罪①，非法批准征收、征用、占用土地罪，非法低价出让国有土地使用权罪，非法经营同类营业罪，为亲友非法牟利罪，枉法仲裁罪，徇私舞弊发售发票、抵扣税款、出口退税罪，商检徇私舞弊罪，动植物检疫徇私舞弊罪，放纵走私罪，放纵制售伪劣商品犯罪行为罪，招收公务员、学生徇私舞弊罪，徇私

---

① 此处修改与 2023 年 12 月出台的《刑法修正案（十二）》相衔接，根据《刑法修正案（十二）》《最高人民法院、最高人民检察院关于执行〈中华人民共和国刑法〉确定罪名的补充规定（八）》，"徇私舞弊低价折股、出售国有资产罪" 修改为 "徇私舞弊低价折股、出售公司、企业资产罪"。

第二章 监察机关及其职责

舞弊不移交刑事案件罪,违法提供出口退税凭证罪,徇私舞弊不征、少征税款罪。

(5) 监察机关依法调查公职人员在行使公权力过程中涉及的重大责任事故犯罪,包括重大责任事故罪,教育设施重大安全事故罪,消防责任事故罪,重大劳动安全事故罪,强令、组织他人违章冒险作业罪,危险作业罪,不报、谎报安全事故罪,铁路运营安全事故罪,重大飞行事故罪,大型群众性活动重大安全事故罪,危险物品肇事罪,工程重大安全事故罪。

(6) 监察机关依法调查公职人员在行使公权力过程中涉及的其他犯罪,包括破坏选举罪,背信损害上市公司利益罪,金融工作人员购买假币、以假币换取货币罪,利用未公开信息交易罪,诱骗投资者买卖证券、期货合约罪,背信运用受托财产罪,违法运用资金罪,违法发放贷款罪,吸收客户资金不入账罪,违规出具金融票证罪,对违法票据承兑、付款、保证罪,非法转让、倒卖土地使用权罪,私自开拆、隐匿、毁弃邮件、电报罪，故意延误投递邮件罪，泄露不应公开的案件信息罪，披露、报道不应公开的案件信息罪，接送不合格兵员罪。

（7）监察机关必要时可以依法调查司法工作人员利用职权实施的涉嫌非法拘禁、刑讯逼供、非法搜查等侵犯公民权利、损害司法公正的犯罪，并在立案后及时通报同级人民检察院。

13. 监察机关发现监察对象所在单位具有哪些情形，需要整改纠正的，依法提出监察建议？

《监察法实施条例》第三十九条规定，监察机关根据监督、调查结果，发现监察对象所在单位具有下列情形之一，需要整改纠正的，依法提出监察建议，推动以案促改工作：

（1）廉政建设方面存在突出问题的；

（2）权力运行制约监督方面存在较大风险的；

（3）监察对象教育管理监督方面存在突出问题的；

（4）执行法律法规制度不到位的；

（5）不履行或者不正确履行法定职责的；

（6）其他需要提出监察建议的情形。

监察机关应当跟踪了解监察建议的采纳情况，指导、督促有关单位限期整改，对未达到整改要求的提出进一步整改意见，推动监察建议落实到位。

本条完善了监察建议制度，吸收了《纪检监察建议工作办法》制度成果，对提出监察建议的情形予以具体列举，健全督办机制。

第三章　监察范围和管辖

14. 监察机关对哪些公职人员和有关人员进行监察？

《监察法实施条例》第四十条规定，监察机关依法对所有行使公权力的公职人员进行监察，实现国家监察全面覆盖。

根据《监察法》第十五条规定，监察机关对下列公职人员和有关人员进行监察：

（1）中国共产党机关、人民代表大会及其常务委员会机关、人民政府、监察委员会、人民法院、人民检察院、中国人民政治协商会议各级委员会机关、民主党派机关和工商业联合会机关的公务员，以及参照《公务员法》管理的人员；

（2）法律、法规授权或者受国家机关依法

委托管理公共事务的组织中从事公务的人员；

（3）国有企业管理人员；

（4）公办的教育、科研、文化、医疗卫生、体育等单位中从事管理的人员；

（5）基层群众性自治组织中从事管理的人员；

（6）其他依法履行公职的人员。

15. 监察对象中的公务员和参照《公务员法》管理的人员包括哪些？

根据《监察法实施条例》第四十一条、《公务员法》第二条第一款规定，《监察法》第十五条第一项所称公务员范围，是指依法履行公职、纳入国家行政编制、由国家财政负担工资福利的工作人员。

《监察法》第十五条第一项所称参照《公务员法》管理的人员，是指有关单位中经批准参照《公务员法》进行管理的工作人员。

《公务员法》第一百一十二条规定，法律、

法规授权的具有公共事务管理职能的事业单位中除工勤人员以外的工作人员,经批准参照本法进行管理。

16. 监察对象中的法律、法规授权或者受国家机关依法委托管理公共事务的组织中从事公务的人员包括哪些?

根据《监察法实施条例》第四十二条规定,《监察法》第十五条第二项所称法律、法规授权或者受国家机关依法委托管理公共事务的组织中从事公务的人员,是指在上述组织中,除参照《公务员法》管理的人员外,对公共事务履行组织、领导、管理、监督等职责的人员,包括具有公共事务管理职能的行业协会等组织中从事公务的人员,以及法定检验检测、检疫等机构中从事公务的人员。

17. 监察对象中的国有企业管理人员包括哪些？

根据《监察法实施条例》第四十三条规定，《监察法》第十五条第三项所称国有企业管理人员，是指国家出资企业中的下列人员：

（1）在国有独资、全资公司、企业中履行组织、领导、管理、监督等职责的人员；

（2）经党组织或者国家机关，国有独资、全资公司、企业，事业单位提名、推荐、任命、批准等，在国有控股、参股公司及其分支机构中履行组织、领导、管理、监督等职责的人员；

（3）经国家出资企业中负有管理、监督国有资产职责的组织批准或者研究决定，代表其在国有控股、参股公司及其分支机构中从事组织、领导、管理、监督等工作的人员。

18. 监察对象中的公办的教育、科研、文化、医疗卫生、体育等单位中从事管理的人员包括哪些？

根据《监察法实施条例》第四十四条规定，《监察法》第十五条第四项所称公办的教育、科研、文化、医疗卫生、体育等单位中从事管理的人员，是指国家为了社会公益目的，由国家机关举办或者其他组织利用国有资产举办的教育、科研、文化、医疗卫生、体育等事业单位中，从事组织、领导、管理、监督等工作的人员。

19. 监察对象中的基层群众性自治组织中从事管理的人员包括哪些？

根据《监察法实施条例》第四十五条规定，《监察法》第十五条第五项所称基层群众性自治组织中从事管理的人员，是指该组织中的下列人员：

(1) 从事集体事务和公益事业管理的人员；

(2) 从事集体资金、资产、资源管理的人员；

(3) 协助人民政府从事行政管理工作的人员，包括从事救灾、防疫、抢险、防汛、优抚、帮扶、移民、救济款物的管理，社会捐助公益事业款物的管理，国有土地的经营和管理，土地征收、征用补偿费用的管理，代征、代缴税款，有关计划生育、户籍、征兵工作，协助人民政府等国家机关在基层群众性自治组织中从事的其他管理工作。

20. 监察对象中的其他依法履行公职的人员包括哪些？

根据《监察法实施条例》第四十六条规定，下列人员属于《监察法》第十五条第六项所称其他依法履行公职的人员：

(1) 履行人民代表大会职责的各级人民代表大会代表，履行公职的中国人民政治协商会议各级委员会委员、人民陪审员、人民监督员；

（2）虽未列入党政机关人员编制，但在党政机关中从事公务的人员；

（3）在集体经济组织等单位、组织中，由党组织或者国家机关，国有独资、全资公司、企业，国家出资企业中负有管理监督国有和集体资产职责的组织，事业单位提名、推荐、任命、批准等，从事组织、领导、管理、监督等工作的人员；

（4）在依法组建的评标、谈判、询价等组织中代表国家机关，国有独资、全资公司、企业，事业单位，人民团体临时履行公共事务组织、领导、管理、监督等职责的人员；

（5）其他依法行使公权力的人员。

21. 有关机关、单位、组织集体作出的决定违法或者实施违法行为的,如何追究法律责任?

《监察法实施条例》第四十七条规定,有关机关、单位、组织集体作出的决定违法或者实施违法行为的,监察机关应当对负有责任的领导人员和直接责任人员中的公职人员依法追究法律责任。

22. 各级监察机关如何确定管辖范围?

《监察法》第十六条规定,各级监察机关按照管理权限管辖本辖区内本法第十五条规定的人员所涉监察事项。

上级监察机关可以办理下一级监察机关管辖范围内的监察事项,必要时也可以办理所辖各级监察机关管辖范围内的监察事项。

监察机关之间对监察事项的管辖有争议的,由其共同的上级监察机关确定。

23. 什么情形下可以指定管辖？

《监察法》第十七条第一款规定，上级监察机关可以将其所管辖的监察事项指定下级监察机关管辖，也可以将下级监察机关有管辖权的监察事项指定给其他监察机关管辖。

《监察法实施条例》第五十一条第三款、第四款规定，上级监察机关对于下级监察机关管辖的职务违法和职务犯罪案件，具有下列情形之一，认为由其他下级监察机关管辖更为适宜的，可以依法指定给其他下级监察机关管辖：（1）管辖有争议的；（2）指定管辖有利于案件公正处理的；（3）下级监察机关报请指定管辖的；（4）其他有必要指定管辖的。

被指定的下级监察机关未经指定管辖的监察机关批准，不得将案件再行指定管辖。发现新的职务违法或者职务犯罪线索，以及其他重要情况、重大问题，应当及时向指定管辖的监察机关请示报告。

24. 什么情形下可以提级管辖？

《监察法》第十七条第二款规定，监察机关认为所管辖的监察事项重大、复杂，需要由上级监察机关管辖的，可以报请上级监察机关管辖。

《监察法实施条例》第五十条规定，上级监察机关对于下一级监察机关管辖范围内的职务违法和职务犯罪案件，具有下列情形之一的，可以依法提级管辖：（1）在本辖区有重大影响的；（2）涉及多个下级监察机关管辖的监察对象，调查难度大的；（3）其他需要提级管辖的重大、复杂案件。

上级监察机关对于所辖各级监察机关管辖范围内有重大影响的案件，必要时可以依法直接调查或者组织、指挥、参与调查。

地方各级监察机关所管辖的职务违法和职务犯罪案件，具有《监察法实施条例》第五十条第一款规定情形的，可以依法报请上一级监察机关管辖。

25. 监察机关开展监督、调查、处置的管辖原则是什么?

《监察法实施条例》第四十八条规定,监察机关开展监督、调查、处置,按照管理权限与属地管辖相结合的原则,实行分级负责制。

第四十九条规定,设区的市级以上监察委员会按照管理权限,依法管辖同级党委管理的公职人员涉嫌职务违法和职务犯罪案件。

县级监察委员会和直辖市所辖区(县)监察委员会按照管理权限,依法管辖本辖区内公职人员涉嫌职务违法和职务犯罪案件。

地方各级监察委员会按照本条例第十三条、第五十二条规定,可以依法管辖工作单位在本辖区内的有关公职人员涉嫌职务违法和职务犯罪案件。

监察机关调查公职人员涉嫌职务犯罪案件,可以依法对涉嫌行贿犯罪、介绍贿赂犯罪或者共同职务犯罪的涉案人员中的非公职人员一并管辖并进行调查处置。非公职人员涉嫌利用影响力受贿罪的，监察机关按照其所利用的公职人员的管理权限确定管辖并进行调查处置。

26. 工作单位在地方、管理权限在主管部门的公职人员涉嫌职务违法和职务犯罪，如何确定管辖？

《监察法实施条例》第五十二条规定，工作单位在地方、管理权限在主管部门的公职人员涉嫌职务违法和职务犯罪，一般由驻在主管部门、有管辖权的监察机构、监察专员管辖；经协商，监察机构、监察专员可以按规定移交公职人员工作单位所在地的地方监察委员会调查，或者与地方监察委员会联合调查。地方监察委员会在工作中发现上述公职人员有关问题线索，应当向驻在主管部门、有管辖权的监察机构、监察专员通报，并协商确定管辖。

前述规定单位的其他公职人员涉嫌职务违

法的，可以由公职人员工作单位所在地的地方监察委员会管辖。涉嫌职务犯罪的，一般由公职人员工作单位所在地的地方监察委员会管辖；因涉及主管部门管理的公职人员等特殊情形，驻在主管部门的监察机构、监察专员认为由自己管辖或者其他地方监察委员会管辖更为适宜的，经与公职人员工作单位所在地的地方监察委员会协商，可以自行调查或者依法办理指定管辖。

地方监察委员会调查前述规定案件，应当按程序将立案、留置、移送审查起诉、撤销案件等重要情况通报相关监察机构、监察专员。

第四章 监察权限

27. 监察机关如何合理确定采取监察措施的对象、种类和期限？

《监察法实施条例》第五十八条规定，监察机关应当根据开展监督执法调查工作的需要、涉嫌职务违法或者职务犯罪行为的严重程度、监察措施适用对象与案件的关联程度，以及采取监察措施的紧急程度等情况，合理确定采取监察措施的对象、种类和期限，不得超过必要限度。禁止违反规定滥用监察措施。

28. 监察机关可以依法采取哪些监察措施？

《监察法实施条例》第五十九条规定，监察机关在初步核实中，可以依法采取谈话、询问、查询、调取、勘验检查、调查实验、鉴定措施；立案后可以采取讯问、强制到案、责令候查、管护、留置、禁闭、冻结、搜查、查封、扣押、通缉措施。发现存在逃跑、自杀等重大安全风险，在立案前依法对《监察法》第二十五条第一款第一项、第二项规定的人员采取管护措施的，符合立案条件的应当及时立案。需要采取技术调查、限制出境措施的，应当按照规定交有关机关依法执行。设区的市级以下监察机关在初步核实中不得采取技术调查措施。监察机关采取谈话、函询方式处置问题线索的，适用《监察法》和本条例关于采取该两项措施的相关规定。

开展问责调查，根据具体情况可以依法采取相关监察措施。

29. 对可能发生职务违法的监察对象，监察机关可以采取什么措施？

《监察法》第十九条规定，对可能发生职务违法的监察对象，监察机关按照管理权限，可以直接或者委托有关机关、人员进行谈话，或者进行函询，要求说明情况。

30. 什么情形下，监察机关可以对被调查人进行谈话、讯问？

《监察法》第二十条规定，在调查过程中，对涉嫌职务违法的被调查人，监察机关可以进行谈话，要求其就涉嫌违法行为作出陈述，必要时向被调查人出具书面通知。

对涉嫌贪污贿赂、失职渎职等职务犯罪的被调查人，监察机关可以进行讯问，要求其如实供述涉嫌犯罪的情况。

31. 开展调查取证工作同步录音录像有什么要求？

《监察法实施条例》第六十条规定，开展讯问、搜查、查封、扣押以及重要的谈话、询问等调查取证工作，应当全程同步录音录像，并保持录音录像资料的完整性。

对谈话、讯问、询问进行同步录音录像的，谈话笔录、讯问笔录、询问笔录记载的起止时间应当与录音录像资料反映的起止时间一致。谈话笔录、讯问笔录、询问笔录内容应当与录音录像资料内容相符。

同步录音录像资料应当妥善保管、及时归档，留存备查。监察机关案件监督管理部门应当开展常态化检查。人民检察院、人民法院需要调取同步录音录像的，监察机关应当依法予以提供。

32. 采取、解除或者变更监察措施，如何告知、通知相关人员？

《监察法实施条例》第六十二条规定，采取、解除或者变更监察措施需要告知、通知相关人员的，应当依法办理。告知包括口头、书面两种方式，除本条例另有规定外，通知应当采取书面方式。采取口头方式告知、通知的，应当将相关情况制作工作记录；采取书面方式告知、通知的,可以通过直接送交、邮寄、转交等途径送达,将有关回执或者凭证附卷。

无法告知、通知,或者相关人员拒绝接收的,调查人员应当在工作记录或者有关文书上记明。

33. 哪些人员不得担任见证人?

《监察法实施条例》第六十三条规定,监察机关采取监察措施,依法需要见证人在场的,应当邀请合适的见证人在场。下列人员不得担任见证人:

(1) 生理上、精神上有缺陷或者未成年,不具有相应辨别能力或者不能正确表达的人;

(2) 与案件有利害关系,可能影响案件公正处理的人;

(3) 监察机关的工作人员或者其聘用的人员;

(4) 依法协助监察机关采取监察措施的工作人员。

34. 监察机关依法变更监察强制措施的，原监察强制措施是否解除？

《监察法实施条例》第六十四条规定，监察机关依法变更强制到案、责令候查、管护、留置以及禁闭等监察强制措施的，原监察强制措施自监察机关采取新的监察强制措施之时自动解除。

35. 监察机关需要提请公安机关协助采取措施的，有什么程序要求？

《监察法实施条例》第六十五条规定，县级以上监察机关需要提请公安机关协助采取强制到案、责令候查、管护、留置、搜查措施的，应当按规定报批，请同级公安机关依法予以协助。提请协助时，应当出具提请协助函，列明提请协助的具体事项和建议，协助采取措施的时间、地点等内容，附采取监察措施决定书复印件。

因保密需要,不宜在采取监察措施前向公安机关告知采取措施对象姓名的,可以作出说明,进行保密处理。

需要提请异地公安机关协助采取监察措施的,应当按规定报批,向协作地同级监察机关出具协作函件和相关文书,由协作地监察机关提请当地公安机关依法予以协助。

36. 调查人员如何依法文明规范开展调查工作?

《监察法实施条例》第七十一条规定,调查人员应当依法文明规范开展调查工作。严禁以暴力、威胁、引诱、欺骗以及非法限制人身自由等非法方法收集证据,严禁侮辱、打骂、虐待、体罚或者变相体罚被调查人、涉案人员和证人。

监察机关应当保障被强制到案人员、被管护人员、被留置人员以及被禁闭人员的合法权益,尊重其人格和民族习俗,保障饮食、休息和安全，提供医疗服务。

37. 监察机关对涉嫌职务违法的监察对象进行谈话，有什么程序要求？

《监察法实施条例》第七十七条规定，监察机关对涉嫌职务违法的监察对象，可以依法进行谈话，要求其如实说明情况或者作出陈述。

谈话应当个别进行。负责谈话的人员不得少于二人。

38. 监察机关处置一般性问题线索时开展谈话，有什么程序要求？

《监察法实施条例》第七十八条规定，对一般性问题线索的处置，可以采取谈话方式进行，对监察对象给予警示、批评、教育。谈话应当在监察机关谈话场所、具备安全保障条件的工作地点等场所进行，明确告知谈话事项，注重谈清问题、取得教育效果。

39. 立案后,与被责令候查人员或者未被限制人身自由的被调查人谈话,有什么程序要求?

《监察法实施条例》第八十二条规定,立案后,与被责令候查人员或者未被限制人身自由的被调查人谈话的,应当在具备安全保障条件的场所进行。

调查人员按规定通知被调查人所在单位派员或者被调查人家属陪同被调查人到指定场所的,应当与陪同人员办理交接手续,填写《陪送交接单》。

40. 调查人员与被强制到案人员、被管护人员、被留置人员或者被禁闭人员谈话的,有什么程序要求?

《监察法实施条例》第八十三条规定,调查人员与被强制到案人员、被管护人员、被留置人员或者被禁闭人员谈话的,按照法定程序在执行相关监察强制措施的场所进行。

与在押的犯罪嫌疑人、被告人谈话的，应当持以监察机关名义出具的介绍信、工作证件，商请有关案件主管机关依法协助办理。

与在看守所、监狱服刑的人员谈话的，应当持以监察机关名义出具的介绍信、工作证件办理。

41. 什么情形下，可以对被调查人采取强制到案措施？

《监察法实施条例》第九十九条规定，监察机关调查严重职务违法或者职务犯罪，对于经通知无正当理由不到案的被调查人，经依法审批，可以强制其到监察机关谈话场所或者留置场所接受调查。

首次通知到案一般应当以书面方式，确因情况紧急无法书面通知的，可以通过电话等方式通知，并将相关情况制作工作记录。

采取强制到案措施时，调查人员不得少于

二人，应当向被强制到案人员出具《强制到案决定书》。

42. 强制到案的场所、决定书的填写、持续时间有什么要求？

《监察法实施条例》第一百条规定，监察机关应当立即将被强制到案人员送至监察机关谈话场所或者留置场所。强制到案的时间自被强制到案人员到达相关场所时起算。

被强制到案人员到案后，应当要求其在《强制到案决定书》上填写到案时间，并签名、捺指印；强制到案结束后，应当要求被强制到案人员在《强制到案决定书》上填写结束时间，并签名、捺指印。被强制到案人员拒绝填写或者签名、捺指印的，调查人员应当在文书上记明。

一次强制到案持续的时间不得超过十二小时；依法需要采取管护或者留置措施的，按规定报批后，强制到案持续的时间不得超过二十四小时。两次强制到案间隔的时间不得少于二十四小时，不得以连续强制到案的方式变相拘禁被调查人。两次强制到案的间隔时间从第一次强制到案结束时起算。

43. 强制到案后，对被调查人开展谈话和讯问的时间有什么要求？

《监察法实施条例》第一百零一条规定，监察机关强制被调查人到案后，应当对涉嫌职务违法的被调查人及时谈话，对涉嫌职务犯罪的被调查人及时讯问。

44. 强制到案期满，应当立即结束强制到案吗？

《监察法实施条例》第一百零二条规定，监察机关在强制到案期限内未作出采取其他监察强制措施决定的，强制到案期满，应当立即结束强制到案。

45. 什么情形下，可以对被调查人采取责令候查措施？

根据《监察法》第二十三条第一款规定，被调查人涉嫌严重职务违法或者职务犯罪，并有下列情形之一的，经监察机关依法审批，可以对其采取责令候查措施：

（1）不具有本法第二十四条第一款所列适用留置措施的情形的[①]；

（2）符合留置条件，但患有严重疾病、生活不能自理的，系怀孕或者正在哺乳自己婴儿的妇女，或者生活不能自理的人的唯一扶养人；

---

① 《监察法》第二十四条第一款规定，被调查人涉嫌贪污贿赂、失职渎职等严重职务违法或者职务犯罪，监察机关已经掌握其部分违法犯罪事实及证据，仍有重要问题需要进一步调查，并有下列情形之一的，经监察机关依法审批，可以将其留置在特定场所：（1）涉及案情重大、复杂的；（2）可能逃跑、自杀的；（3）可能串供或者伪造、隐匿、毁灭证据的；（4）可能有其他妨碍调查行为的。

（3）案件尚未办结，但留置期限届满或者对被留置人员不需要继续采取留置措施的；

（4）符合留置条件，但因为案件的特殊情况或者办理案件的需要，采取责令候查措施更为适宜的。

46. 采取责令候查措施有什么程序要求？

根据《监察法实施条例》第一百零四条规定，采取责令候查措施时，调查人员不得少于二人，应当向被责令候查人员宣布《责令候查决定书》，出示《被责令候查人员权利义务告知书》，由被责令候查人员签名、捺指印，要求其遵守《监察法》第二十三条第二款的规定，告知其违反规定应负的法律责任。被责令候查人员拒绝签名、捺指印的，调查人员应当在文书上记明。

监察机关将其他监察强制措施变更为责令候查措施的，应当按照前述规定履行权利义务告知程序。

责令候查最长不得超过十二个月,自向被责令候查人员宣布之日起算。

47. 采取责令候查措施后,监察机关应当如何通知被责令候查人员所在单位和家属?

《监察法实施条例》第一百零五条规定,除无法通知的以外,监察机关应当在采取责令候查措施后二十四小时以内,通知被责令候查人员所在单位和家属。当面通知的,由有关人员在《责令候查通知书》上签名。无法当面通知的,可以先以电话等方式通知,并通过邮寄、转交等方式送达《责令候查通知书》,要求有关人员在《责令候查通知书》上签名。有关人员拒绝签名的,调查人员应当在文书上记明。

48. 执行责令候查的监察机关应当履行哪些职责？

《监察法实施条例》第一百零六条规定，责令候查应当由决定采取责令候查措施的监察机关执行。

执行责令候查的监察机关应当履行下列职责：

（1）监督、考察被责令候查人员遵守有关规定，及时掌握其活动、住址、工作单位、联系方式及变动情况；

（2）审批被责令候查人员离开所居住的直辖市、设区的市的城市市区或者不设区的市、县的辖区（以下统称所居住的市、县）的申请；

（3）被责令候查人员违反应当遵守的规定的，及时制止或者纠正；

（4）会同被责令候查人员所在单位、家属等对被责令候查人员开展思想教育、心理疏导工作。

49. 被责令候查人员应当遵守什么规定？

根据《监察法》第二十三条第二款规定，被责令候查人员应当遵守以下规定：

（1）未经监察机关批准不得离开所居住的直辖市、设区的市的城市市区或者不设区的市、县的辖区；

（2）住址、工作单位和联系方式发生变动的，在二十四小时以内向监察机关报告；

（3）在接到通知的时候及时到案接受调查；

（4）不得以任何形式干扰证人作证；

（5）不得串供或者伪造、隐匿、毁灭证据。

50. 什么情形下，被责令候查人员经批准可以离开所居住的市、县？

《监察法实施条例》第一百零七条规定，被责令候查人员未经批准不得离开所居住的市、县。确有正当理由需要离开的，应当经决定采取责令候查措施的监察机关批准。

在同一直辖市、设区的市内跨区活动的,不属于离开所居住的市、县。

本条第一款所称正当理由,是指就医、就学、参与诉讼、往返居住地与工作地、处理重要家庭事务或者参加重要公务、商务活动等。

51. 被责令候查人员需要离开所居住的市、县的,如何提出申请,应当遵守什么要求?

《监察法实施条例》第一百零八条规定,被责令候查人员需要离开所居住的市、县的,应当向监察机关提出书面申请,并注明事由、目的地、路线、交通方式、往返日期、联系方式等。监察机关应当自收到书面申请之日起三日以内作出决定。被责令候查人员有紧急事由,无法及时提出书面申请的,可以先行通过电话等方式提出申请,并及时补办书面申请手续。

监察机关批准被责令候查人员离开所居住的市、县的申请后,应当告知其遵守下列要求:

(1) 保持联系方式畅通,并在接到通知后及时到案接受调查;

(2) 严格按照批准的地点、路线、往返日期出行;

(3) 不得从事妨碍调查的活动;

(4) 返回居住地后及时向执行机关报告。

对于被责令候查人员因正常工作或者生活需要经常性离开所居住的市、县的,可以根据情况简化批准程序,一次性审批其在特定期间内按照批准的地点、路线出行。

52. 什么情形下,可以认定被责令候查人员违反责令候查规定?

根据《监察法》第二十三条第三款规定,被责令候查人员违反责令候查规定,情节严重的,可以依法予以留置。

根据《监察法实施条例》第一百零九条规

定，被责令候查人员具有下列情形之一的，可以认定为《监察法》第二十三条第三款所规定的违反责令候查规定，情节严重：

（1）企图逃跑、自杀的；

（2）实施伪造、隐匿、毁灭证据或者串供、干扰证人作证行为，严重影响调查工作正常进行的；

（3）对举报人、控告人、被害人、证人、鉴定人等相关人员实施打击报复的；

（4）未经批准，擅自离开所居住的市、县，严重影响调查工作正常进行，或者两次未经批准，擅自离开所居住的市、县的；

（5）经通知无正当理由不到案，严重影响调查工作正常进行，或者两次经通知无正当理由不到案的；

（6）住址、工作单位和联系方式等发生变动，未按规定向监察机关报告，导致无法通知到案，严重影响调查工作正常进行的。

依照《监察法》第二十三条第一款第三项

规定（案件尚未办结，但留置期限届满或者对被留置人员不需要继续采取留置措施的）被责令候查的人员，违反责令候查规定，情节严重，依法应予留置的，省级监察机关应当报请国家监察委员会批准，设区的市级以下监察机关应当逐级报送省级监察机关批准。

53. 被管护人员、被留置人员、被禁闭人员及其近亲属可以向监察机关申请变更为责令候查措施吗？

《监察法实施条例》第一百一十条规定，被管护人员、被留置人员、被禁闭人员及其近亲属向监察机关申请变更为责令候查措施的，应当以书面方式提出。监察机关收到申请后，应当在三日以内作出决定。经审查，符合责令候查条件的，可以将管护、留置或者禁闭措施依法变更为责令候查措施；不符合责令候查条件的，应当告知申请人，并说明不同意的理由。

54. 如何解除责令候查措施？

《监察法实施条例》第一百一十一条规定，对被责令候查人员不需要继续采取责令候查措施或者责令候查期满的，应当按规定报批后解除责令候查措施。调查人员应当向被责令候查人员宣布《解除责令候查决定书》，由其签名、捺指印。被责令候查人员拒绝签名、捺指印的，调查人员应当在文书上记明。

解除责令候查措施的，应当及时通知被责令候查人员所在单位和家属。当面通知的，由有关人员在《解除责令候查通知书》上签名。无法当面通知的，可以先以电话等方式通知，并通过邮寄、转交等方式送达《解除责令候查通知书》，要求有关人员在《解除责令候查通知书》上签名。有关人员拒绝签名的，调查人员应当在文书上记明。

第一百一十二条规定，案件依法移送人民检察院审查起诉的，责令候查措施自移送之日自动解除，不再办理解除法律手续。

55. 什么情形下，可以对未被留置人员采取管护措施？

《监察法》第二十五条规定，对于未被留置的下列人员，监察机关发现存在逃跑、自杀等重大安全风险的，经依法审批，可以进行管护：

（1）涉嫌严重职务违法或者职务犯罪的自动投案人员；

（2）在接受谈话、函询、询问过程中，交代涉嫌严重职务违法或者职务犯罪问题的人员；

（3）在接受讯问过程中，主动交代涉嫌重大职务犯罪问题的人员。

采取管护措施后，应当立即将被管护人员送留置场所，至迟不得超过二十四小时。

56. 采取管护措施有什么程序要求？

《监察法实施条例》第一百一十四条规定，

采取管护措施时,调查人员不得少于二人,应当向被管护人员宣布《管护决定书》,告知被管护人员权利义务,要求其在《管护决定书》上签名、捺指印。被管护人员拒绝签名、捺指印的,调查人员应当在文书上记明。

57. 采取管护措施后,将被管护人员送留置场所有什么时间要求?

《监察法实施条例》第一百一十五条规定,采取管护措施后,应当立即将被管护人员送留置场所,至迟不得超过二十四小时。

58. 采取管护措施后,监察机关应当如何通知被管护人员所在单位和家属?

《监察法实施条例》第一百一十六条规定,采取管护措施后,应当在二十四小时以内通知被管护人员所在单位和家属。当面通知的,由有关人员在《管护通知书》上签名。无法当面通知的,可以先以电话等方式通知,并通过邮寄、转交等方式送达《管护通知书》，要求有关人员在《管护通知书》上签名。有关人员拒绝签名的，调查人员应当在文书上记明。

因可能伪造、隐匿、毁灭证据，干扰证人作证或者串供等有碍调查情形而不宜通知的，应当按规定报批，记录在案。有碍调查的情形消失后，应当立即通知被管护人员所在单位和家属。

59. 采取管护措施后，监察机关对被管护人员进行谈话、讯问有什么时间要求？

《监察法实施条例》第一百一十七条规定，监察机关采取管护措施后，应当在二十四小时以内对被管护人员进行谈话、讯问。

60. 管护时间是多久？

《监察法实施条例》第一百一十八条规定，管护时间不得超过七日，自向被管护人员宣布之日起算。因案情复杂、疑难，在七日以内无法作出留置或者解除管护决定的，经审批可以延长一日至三日。

延长管护时间的，应当在管护期满前向被管护人员宣布延长管护时间的决定，要求其在《延长管护时间决定书》上签名、捺指印。被管护人员拒绝签名、捺指印的，调查人员应当在文书上记明。

延长管护时间的，应当及时通知被管护人员所在单位和家属。

61. 什么情形下，可以解除管护或者变更为责令候查措施？

《监察法实施条例》第一百一十九条规定，对被管护人员不需要继续采取管护措施的，应当按规定报批后解除管护或者变更为责令候查措施。管护期满的，应当按规定报批后予以解除。

解除管护措施的，调查人员应当向被管护

人员宣布解除管护措施的决定,由其在《解除管护决定书》上签名、捺指印;变更为责令候查措施的,应当向被管护人员宣布变更为责令候查措施的决定,由其在《变更管护决定书》上签名、捺指印。被管护人员拒绝签名、捺指印的,调查人员应当在文书上记明。

解除管护措施或者变更为责令候查措施的,应当及时通知被管护人员所在单位和家属、申请人。调查人员应当与交接人办理交接手续,并由其在《解除管护通知书》或者《变更管护通知书》上签名。无法通知或者有关人员拒绝签名的,调查人员应当在文书上记明。不得因办理交接手续延迟解除或者变更管护措施。

62. 什么情形下,监察机关可以对被调查人采取留置措施?

根据《监察法》第二十四条第一款规定,被调查人涉嫌贪污贿赂、失职渎职等严重职务违法或者职务犯罪，监察机关已经掌握其部分违法犯罪事实及证据，仍有重要问题需要进一步调查，并有下列情形之一的，经监察机关依法审批，可以将其留置在特定场所：

（1）涉及案情重大、复杂的；

（2）可能逃跑、自杀的；

（3）可能串供或者伪造、隐匿、毁灭证据的；

（4）可能有其他妨碍调查行为的。

根据《监察法实施条例》第一百二十一条规定，监察机关调查严重职务违法或者职务犯罪，对于符合《监察法》第二十四条第一款规定的，经依法审批，可以对被调查人采取留置措施。

《监察法》第二十四条第一款规定的已经掌握其部分违法犯罪事实及证据，是指同时具备下列情形：

（1）有证据证明发生了违法犯罪事实；

（2）有证据证明该违法犯罪事实是被调查

人实施;

(3) 证明被调查人实施违法犯罪行为的证据已经查证属实。

部分违法犯罪事实,既可以是单一违法犯罪行为的事实,也可以是数个违法犯罪行为中任何一个违法犯罪行为的事实。

《监察法》第二十四条第一款规定的重要问题,是指对被调查人涉嫌的严重职务违法或者职务犯罪,在定性处置、定罪量刑等方面有重要影响的事实、情节及证据。

63. 被调查人具有什么情形,可以认定为"可能逃跑、自杀"?

根据《监察法实施条例》第一百二十二条规定,被调查人具有下列情形之一的,可以认定为《监察法》第二十四条第一款第二项所规定的可能逃跑、自杀:

(1) 着手准备自杀、自残或者逃跑的;

(2) 曾经有自杀、自残或者逃跑行为的;

(3) 有自杀、自残或者逃跑意图的;

(4) 其他可能逃跑、自杀的情形。

64. 被调查人具有什么情形,可以认定为"可能串供或者伪造、隐匿、毁灭证据"?

根据《监察法实施条例》第一百二十三条规定,被调查人具有下列情形之一的,可以认定为《监察法》第二十四条第一款第三项所规定的可能串供或者伪造、隐匿、毁灭证据:

(1) 曾经或者企图串供,伪造、隐匿、毁灭、转移证据的;

(2) 曾经或者企图威逼、恐吓、利诱、收买证人,干扰证人作证的;

(3) 有同案人或者与被调查人存在密切关联违法犯罪的涉案人员在逃,重要证据尚未收集完成的;

(4) 其他可能串供或者伪造、隐匿、毁灭证据的情形。

65. 被调查人具有什么情形，可以认定为"可能有其他妨碍调查行为"？

根据《监察法实施条例》第一百二十四条规定，被调查人具有下列情形之一的，可以认定为《监察法》第二十四条第一款第四项所规定的可能有其他妨碍调查行为：

（1）可能继续实施违法犯罪行为的；

（2）有危害国家安全、公共安全等现实危险的；

（3）可能对举报人、控告人、被害人、证人、鉴定人等相关人员实施打击报复的；

（4）无正当理由拒不到案，严重影响调查的；

（5）其他可能妨碍调查的行为。

66. 对哪些人员不得采取留置措施？

《监察法实施条例》第一百二十五条规定，对下列人员不得采取留置措施：

（1）患有严重疾病、生活不能自理的；

（2）怀孕或者正在哺乳自己婴儿的妇女；

（3）生活不能自理的人的唯一扶养人。

上述情形消失后，根据调查需要可以对相关人员采取留置措施。

67. 采取留置措施有什么程序要求？

《监察法实施条例》第一百二十六条规定，采取留置措施时，调查人员不得少于二人，应当向被留置人员宣布《留置决定书》，告知被留置人员权利义务，要求其在《留置决定书》上签名、捺指印。被留置人员拒绝签名、捺指印的，调查人员应当在文书上记明。

68. 采取留置措施后，监察机关应当如何通知被留置人员所在单位和家属？

《监察法实施条例》第一百二十七条规定，采取留置措施后，应当在二十四小时以内通知被留置人员所在单位和家属。当面通知的，由有关人员在《留置通知书》上签名。无法当面通知的，可以先以电话等方式通知，并通过邮寄、转交等方式送达《留置通知书》，要求有关人员在《留置通知书》上签名。有关人员拒绝签名的，调查人员应当在文书上记明。

因可能伪造、隐匿、毁灭证据，干扰证人作证或者串供等有碍调查情形而不宜通知的，应当按规定报批，记录在案。有碍调查的情形消失后，应当立即通知被留置人员所在单位和家属。

69. 采取留置措施后，监察机关对被留置人员进行谈话、讯问有什么时间要求？

《监察法实施条例》第一百二十八条规定，监察机关采取留置措施后，应当在二十四小时以内对涉嫌职务违法的被调查人进行谈话，对涉嫌职务犯罪的被调查人进行讯问。

70. 留置时间是多久？

《监察法实施条例》第一百二十九条规定，留置时间不得超过三个月，自向被留置人员宣布之日起算。具有下列情形之一的，经审批可以延长一次，延长时间不得超过三个月：

（1）案情重大，严重危害国家利益或者公共利益的；

（2）案情复杂，涉案人员多、金额巨大，涉及范围广的；

（3）重要证据尚未收集完成，或者重要涉案人员尚未到案，导致违法犯罪的主要事实仍须继续调查的；

（4）其他需要延长留置时间的情形。

省级以下监察机关采取留置措施的，延长留置时间应当报请上一级监察机关批准。

延长留置时间的，应当在留置期满前向被留置人员宣布延长留置时间的决定，要求其在《延长留置时间决定书》上签名、捺指印。被留置人员拒绝签名、捺指印的,调查人员应当在文书上记明。

延长留置时间的,应当及时通知被留置人员所在单位和家属。

71. 再延长留置时间有什么程序要求?

《监察法实施条例》第一百三十条规定,对涉嫌职务犯罪的被调查人可能判处十年有期徒刑以上刑罚,监察机关按照本条例第一百二十九条规定延长期限届满,仍不能调查终结的,经审批可以再延长,再延长时间不得超过二个月。

省级以下监察机关需要再延长留置时间的,应当逐级报送国家监察委员会批准。

再延长留置时间的,应当在留置期满前向被留置人员宣布再延长留置时间的决定,要求其在《再延长留置时间决定书》上签名、捺指印。被留置人员拒绝签名、捺指印的,调查人员应当在文书上记明。

再延长留置时间的，应当及时通知被留置人员所在单位和家属。

72. 报请批准延长或者再延长留置时间的，报请材料应当写明哪些情况？

《监察法实施条例》第一百三十一条规定，报请批准延长或者再延长留置时间，应当在报请材料中写明被留置人员基本情况、主要案情和留置后调查工作进展情况、下一步调查工作计划、延长或者再延长留置时间的具体理由及起止时间。

报请批准延长或者再延长留置时间，应当根据案件具体情况和实际工作需要，提出合理、必要的时间建议。

上级监察机关收到报请批准延长或者再延长留置时间的申请后，应当及时研究，在原留置期限届满前按程序作出决定。

73. 什么情形下，可以重新计算留置时间？

《监察法》第四十八条第三款规定，省级以上监察机关在调查期间，发现涉嫌职务犯罪的被调查人另有与留置时的罪行不同种的重大职务犯罪或者同种的影响罪名认定、量刑档次的重大职务犯罪，经国家监察委员会批准或者决定，自发现之日起依照本条第一款的规定重新计算留置时间。留置时间重新计算以一次为限。

根据《监察法实施条例》第一百三十二条规定，省级以上监察机关在调查期间，发现涉嫌职务犯罪的被调查人另有与留置时的罪行不同种的重大职务犯罪或者同种的影响罪名认定、量刑档次的重大职务犯罪，经审批可以依照《监察法》第四十八条第三款的规定重新计算留置时间。留置时间重新计算以一次为限。

依照前述规定重新计算留置时间的，国家监察委员会调查部门应当自发现之日起五日以内履行报批程序,省级监察机关应当自发现之日起五日以内报请国家监察委员会批准。

重新计算留置时间的,应当自作出决定之日起五日以内向被留置人员宣布,要求其在《重新计算留置时间决定书》上签名、捺指印,并及时通知被留置人员所在单位和家属。被留置人员拒绝签名、捺指印的,调查人员应当在文书上记明。

74. 重新计算留置时间的,留置时间是多久?可以延长、再延长吗?

《监察法实施条例》第一百三十三条规定,重新计算留置时间的,留置时间不得超过三个月。新发现的罪行具有本条例第一百二十九条、第一百三十条规定情形的,可以依法延长和再延长留置时间。但是,此前已经根据本条例第一百三十条规定再延长留置时间的,不得再次适用该规定再延长留置时间。

75. 什么情形下可以解除留置或者变更为责令候查措施?

《监察法实施条例》第一百三十四条规定,对被留置人员不需要继续采取留置措施的,应当按规定报批后解除留置或者变更为责令候查措施。留置期满的,应当按规定报批后予以解除。

解除留置措施的,调查人员应当向被留置人员宣布解除留置措施的决定,由其在《解除留置决定书》上签名、捺指印;变更为责令候查措施的,应当向被留置人员宣布变更为责令候查措施的决定,由其在《变更留置决定书》上签名、捺指印。被留置人员拒绝签名、捺指印的,调查人员应当在文书上记明。

解除留置措施或者变更为责令候查措施的,应当及时通知被留置人员所在单位和家属、申请人。调查人员应当与交接人办理交接手续,并由其在《解除留置通知书》或者《变更留置通知书》上签名。无法通知或者有关人员拒绝签名的,调查人员应当在文书上记明。不得因办理交接手续延迟解除或者变更留置措施。

案件依法移送人民检察院审查起诉的,留置措施自犯罪嫌疑人被执行拘留时自动解除,不再办理解除法律手续。

76. 什么情形下,监察机关可以查询、冻结涉案单位和个人的财产?

《监察法》第二十六条规定,监察机关调查涉嫌贪污贿赂、失职渎职等严重职务违法或者职务犯罪,根据工作需要,可以依照规定查询、冻结涉案单位和个人的存款、汇款、债券、股票、基金份额等财产。有关单位和个人应当配合。

冻结的财产经查明与案件无关的,应当在查明后三日内解除冻结,予以退还。

77. 什么情形下，监察机关可以进行搜查？

《监察法》第二十七条规定，监察机关可以对涉嫌职务犯罪的被调查人以及可能隐藏被调查人或者犯罪证据的人的身体、物品、住处和其他有关地方进行搜查。在搜查时，应当出示搜查证，并有被搜查人或者其家属等见证人在场。

搜查女性身体，应当由女性工作人员进行。

监察机关进行搜查时，可以根据工作需要提请公安机关配合。公安机关应当依法予以协助。

78. 什么情形下，监察机关可以采取调取、查封、扣押措施？

《监察法》第二十八条规定，监察机关在调查过程中，可以调取、查封、扣押用以证明被调查人涉嫌违法犯罪的财物、文件和电子数据等信息。采取调取、查封、扣押措施，应当收集原物原件，会同持有人或者保管人、见证人，当面逐一拍照、登记、编号，开列清单，由在场人员当场核对、签名，并将清单副本交财物、文件的持有人或者保管人。

对调取、查封、扣押的财物、文件，监察机关应当设立专用账户、专门场所，确定专门人员妥善保管，严格履行交接、调取手续，定期对账核实，不得毁损或者用于其他目的。对价值不明物品应当及时鉴定，专门封存保管。

查封、扣押的财物、文件经查明与案件无关的，应当在查明后三日内解除查封、扣押，予以退还。

第五章 监察程序

79. 监督检查部门应当按照什么方式处置问题线索?

《监察法实施条例》第二百零四条规定,监督检查部门应当结合问题线索所涉及地区、部门、单位总体情况进行综合分析,提出处置意见并制定处置方案,经审批按照适当了解、谈话、函询、初步核实、暂存待查、予以了结等方式进行处置,或者按照职责移送调查部门处置。

本条关于问题线索处置方式新增了"适当了解",进一步完善问题线索处置方式。

80. 如何采取适当了解方式处置问题线索？

《监察法实施条例》第二百零五条规定，采取适当了解方式处置问题线索，应当按规定报批后，依法依规向有关单位和个人了解情况，验证问题的真实性，不得采取限制人身、财产权利的措施，不得与被反映人接触。

承办部门应当根据适当了解的情况，提出谈话、函询、初步核实、拟立案调查、予以了结、暂存待查，或者移送有关部门、机关处理等建议，按程序报批后办理。

本条是2025年修订的《监察法实施条例》新增规定，明确了"适当了解"的运用方式、处理结果等规定。

81. 如何采取谈话方式处置问题线索？

《监察法实施条例》第二百零六条规定，采取谈话方式处置问题线索的，按照本条例第七十八条、第七十九条规定办理。

函询应当以监察机关办公厅（室）名义发函给被反映人，并抄送其所在单位和派驻监察机构主要负责人。被函询人应当在收到函件后十五个工作日以内写出说明材料，由其所在单位主要负责人签署意见后发函回复。被函询人为所在单位主要负责人的，或者被函询人所作说明涉及所在单位主要负责人的，应当直接发函回复监察机关。

被函询人已经退休的，按照本条第二款规定程序办理。

监察机关根据工作需要，经审批可以对谈话、函询情况进行抽查核实。

承办部门应当根据谈话、函询的情况，提出初步核实、拟立案调查、予以了结、暂存待查，或者移送有关部门、机关处理等建议，按程序报批后办理。

第七十八条规定，对一般性问题线索的处置，可以采取谈话方式进行，对监察对象给予警示、批评、教育。谈话应当在监察机关谈话场所、具备安全保障条件的工作地点等场所进行，明确告知谈话事项，注重谈清问题、取得教育效果。

第七十九条规定，采取谈话方式处置问题线索的，经审批可以由监察人员或者委托被谈话人所在单位主要负责人等进行谈话。

监察机关谈话应当形成谈话笔录或者记录。谈话结束后，可以根据需要要求被谈话人在十五个工作日以内作出书面说明。被谈话人应当在书面说明每页签名，修改的地方也应当签名。

委托谈话的，受委托人应当在收到委托函后的十五个工作日以内进行谈话。谈话结束后及时形成谈话情况材料报送监察机关，必要时附被谈话人的书面说明。

82. 监察机关发现公职人员有职务违法行为但情节较轻的,如何处理?

《监察法实施条例》第二百零八条规定,监察机关根据适当了解、谈话、函询或者初步核实情况,发现公职人员有职务违法行为但情节较轻的,可以按照本条例第二百三十一条规定处理,予以了结。

第二百三十一条规定,监察机关对于公职人员有职务违法行为但情节较轻的,可以依法进行谈话提醒、批评教育、责令检查,或者予以诫勉。上述方式可以单独使用,也可以依据规定合并使用。

谈话提醒、批评教育应当由监察机关相关负责人或者承办部门负责人进行,可以由被谈话提醒、批评教育人所在单位有关负责人陪同;经批准也可以委托其所在单位主要负责人进行。对谈话提醒、批评教育情况应当制作记录。

被责令检查的公职人员应当作出书面检查并进行整改。整改情况在一定范围内通报。

诫勉由监察机关以谈话或者书面方式进行。采取谈话方式予以诫勉的,应当由监察机关相关负责人或者承办部门负责人进行;经批准也可以委托诫勉对象所在单位主要负责人进行。对谈话情况应当制作记录。

83. 什么情形下,案件审理部门根据案件审理情况,可以与被调查人谈话?有什么程序要求?

《监察法实施条例》第二百二十五条规定,案件审理部门根据案件审理情况,经审批可以与被调查人谈话,告知其在审理阶段的权利义务,核对涉嫌违法犯罪事实,听取其辩解意见,了解有关情况。与被调查人谈话应当在具备安全保障条件的场所进行,被调查人为在押的犯罪嫌疑人、被告人或者在看守所、监狱服刑人员的,按照本条例第八十三条规定办理。

谈话时,案件审理人员不得少于二人。

具有下列情形之一的,一般应当与被调查人谈话:

(1) 对被调查人采取留置措施,拟移送起诉的;

(2) 可能存在以非法方法收集证据情形的;

(3) 被调查人对涉嫌违法犯罪事实材料签署不同意见或者拒不签署意见的;

(4) 被调查人要求向案件审理人员当面陈述的;

(5) 其他有必要与被调查人进行谈话的情形。

第八十三条规定,调查人员与被强制到案人员、被管护人员、被留置人员或者被禁闭人员谈话的,按照法定程序在执行相关监察强制措施的场所进行。

与在押的犯罪嫌疑人、被告人谈话的,应当持以监察机关名义出具的介绍信、工作证件，商请有关案件主管机关依法协助办理。

与在看守所、监狱服刑的人员谈话的，应当持以监察机关名义出具的介绍信、工作证件办理。

84. 审理工作结束后如何形成审理报告？

《监察法实施条例》第二百二十七条规定，审理工作结束后应当形成审理报告，载明被调查人基本情况、调查简况、涉嫌违法或者犯罪事实、被调查人态度和认识、涉案财物处置、承办部门意见、审理意见等内容，提请监察机关集体审议。

对被调查人涉嫌职务犯罪需要追究刑事责任的，应当形成《起诉意见书》，作为审理报告附件。《起诉意见书》应当忠实于事实真象，载明被调查人基本情况，调查简况，采取监察强制措施的时间，依法查明的犯罪事实和证据，从重、从轻、减轻或者免除处罚等情节，涉案财物情况，涉嫌罪名和法律依据，采取刑事强制措施的建议,以及其他需要说明的情况。

案件审理部门经审理认为现有证据不足以证明被调查人存在违法犯罪行为,且通过退回补充调查仍无法达到证明标准的,应当提出撤销案件的建议。

本条新增规定监察机关在《起诉意见书》中应当载明采取各项监察强制措施的时间,以便于司法机关开展刑期折抵等相关工作。

85. 如何制作监察建议书?

《监察法实施条例》第二百三十五条规定,监察机关依法向监察对象所在单位提出监察建议的,应当经审批制作监察建议书。

监察建议书一般应当包括下列内容:

(1) 监督调查情况;

(2) 发现的主要问题及其产生的原因;

(3) 整改建议内容和要求;

(4) 整改期限和反馈整改情况的要求;

（五）提出异议的期限和方式。

86. 监察机关如何研究提出监察建议？

《监察法实施条例》第二百三十六条规定，监察机关在研究提出监察建议过程中，应当坚持问题导向、系统观念，加强分析研判，保证监察建议质量。

监察机关可以采取专题调研、部门会商、征求特约监察员等有关人员意见，以及与被建议单位或者其他有关方面沟通等方式，提高监察建议的针对性、可行性。

87. 对于涉嫌行贿等犯罪的非监察对象，案件调查终结后如何处理？

《监察法实施条例》第二百三十八条规定，对于涉嫌行贿等犯罪的非监察对象，案件调查终结后依法移送起诉。综合考虑行为性质、手段、后果、时间节点、认罪悔罪态度等具体情况，对于情节较轻，经审批不予移送起诉的，

第五章 监察程序

应当采取批评教育、责令具结悔过等方式处置；应当给予行政处罚的，依法移送有关行政执法部门。

对于有行贿行为的涉案单位和人员，按规定记入相关信息记录，可以作为信用评价的依据。

对于涉案单位和人员通过行贿等非法手段取得的财物及孳息，应当依法予以没收、追缴或者责令退赔，不得没收、追缴与案件无关的财物。对于涉案单位和人员主动上交的涉案财物，应当严格核查，确系违法所得及孳息的，依法予以没收、追缴。对于违法取得的经营资格、资质、荣誉、奖励、学历学位、职称或者职务职级等其他不正当利益，应当建议有关机关、单位、组织依照法律法规及有关规定予以纠正处理。

本条第三款完善了涉案财物及其他不正当利益的处置程序，同时对需要纠正处理的行贿人违法取得的经营资格、资质等不正当利益予以细化规定，促进提升治理行贿效能。

88. 如何对违法取得的财物及孳息进行追缴或者责令退赔？

《监察法实施条例》第二百四十条规定，监察机关经调查，对违法取得的财物及孳息决定追缴或者责令退赔的，可以依法要求公安、自然资源、住房城乡建设、市场监管、金融监管等部门以及银行等机构、单位予以协助。

追缴涉案财物以追缴原物为原则，原物已经转化为其他财物的，应当追缴转化后的财物。涉案财物已被用于清偿合法债务、转让或者设置其他权利负担，善意第三人通过正常市场交易、支付合理对价，并实际取得相应权利的，不得对善意取得的财物进行追缴。

有证据证明依法应当追缴、没收的涉案财物无法找到、被他人善意取得、价值灭失减损或者与其他合法财产混合且不可分割的，可以依法追缴、没收被调查人的其他等值财产。

追缴或者责令退赔应当自处置决定作出之日起一个月以内执行完毕。因被调查人的原因逾期执行的除外。

人民检察院、人民法院依法将不认定为犯罪所得的相关涉案财物退回监察机关的,监察机关应当依法处理。

本条第二款明确了监察工作中涉案财物第三人善意取得制度,强化了对公民、法人和其他组织合法财产的保护。

89. 监察机关在正式移送起诉前,如何向人民检察院预告移送事宜?

《监察法实施条例》第二百五十一条规定,监察机关一般应当在正式移送起诉十日前,向拟移送的人民检察院采取书面通知等方式预告移送事宜。监察机关发现被调查人因身体等原因存在不适宜羁押等可能影响刑事强制措施执行情形的,应当通报人民检察院;被调查人已被采取留置措施的,可以在移送起诉前依法变更为责令候查措施。对于未采取监察强制措施的案件，可以根据案件具体情况，向人民检察院提出对被调查人采取刑事强制措施的建议。

本条规定确保了监察强制措施与刑事强制措施顺畅衔接。

90. 对人民检察院退回补充调查的案件，应当如何处理？

《监察法实施条例》第二百五十八条规定，对人民检察院退回补充调查的案件，经审批分别作出下列处理：

（1）认定犯罪事实的证据不够充分的，应当在补充证据后，制作补充调查报告书，连同相关材料一并移送人民检察院审查，对无法补充完善的证据，应当作出书面情况说明并加盖监察机关或者承办部门公章；

（2）在补充调查中发现新的同案犯或者增加、变更犯罪事实，需要追究刑事责任的，应当重新提出处理意见，移送人民检察院审查；

（3）犯罪事实的认定出现重大变化，认为不应当追究被调查人刑事责任的，应当在补充调查期限内重新提出处理意见，将处理结果书面通知人民检察院并说明理由；

（4）认为移送起诉的犯罪事实清楚，证据确实、充分的，应当说明理由，移送人民检察院依法审查。

本条第三项规定完善了监察机关对人民检察院退回补充调查案件提出处理意见的时限要求。

第六章　反腐败国际合作

91. 地方各级监察机关通过境外追诉方式办理相关涉外案件的，有什么程序要求？

《监察法实施条例》第二百八十条规定，地方各级监察机关通过境外追诉方式办理相关涉外案件的，应当提供外逃人员相关违法线索和证据，逐级报送国家监察委员会审核。由国家监察委员会按照国际刑事司法协助法等规定直接或者协调有关单位向有关国家（地区）相关机构提交，请其依法对外逃人员调查、起诉、审判，移管被判刑人或者遣返外逃人员。

第七章　对监察机关和监察人员的监督

92. 各级监察委员会应当如何在本级人民代表大会常务委员会全体会议上报告专项工作？

《监察法实施条例》第二百八十三条规定，各级监察委员会应当按照《监察法》第六十条第二款规定，由主要负责人在本级人民代表大会常务委员会全体会议上报告专项工作。

在报告专项工作前，应当与本级人民代表大会有关专门委员会、常务委员会有关工作机构沟通协商，并配合开展专题调查研究等工作。各级人民代表大会常务委员会审议专项工作报告时，本级监察委员会应当根据要求派出负责人列席相关会议，听取意见。

各级监察委员会应当认真研究处理本级人

民代表大会常务委员会反馈的审议意见,并按照要求书面报告研究处理情况。本级人民代表大会常务委员会对专项工作报告作出决议的,监察委员会应当在决议规定的期限内,将执行决议的情况向其报告。

2025年修订的《监察法实施条例》贯彻落实2024年修正的《各级人民代表大会常务委员会监督法》有关要求,在第七章细化了报告专项工作、接受执法检查、配合专题询问等相关规定,增强相关制度的可操作性、实效性。

93. 各级监察委员会应当如何对待本级人民代表大会常务委员会组织的执法检查?

《监察法实施条例》第二百八十四条规定,各级监察委员会应当积极接受、配合本级人民代表大会常务委员会组织的执法检查。对本级人民代表大会常务委员会的执法检查报告,应当认真研究处理,并向其报告研究处理情况。

本级人民代表大会常务委员会对执法检查报告作出决议的，监察委员会应当在决议规定的期限内，将执行决议的情况向其报告。

94. 各级监察委员会在本级人民代表大会常务委员会会议审议与监察工作有关的议案和报告时，应当如何听取意见，回答询问？

《监察法实施条例》第二百八十五条规定，各级监察委员会在本级人民代表大会常务委员会会议审议与监察工作有关的议案和报告时，应当派相关负责人到会听取意见，回答询问。

本级人民代表大会常务委员会就与监察工作有关的重大问题，召开全体会议、联组会议或者分组会议进行专题询问的，监察委员会负责人应当到会，听取意见，回答询问。各级监察委员会应当及时向本级人民代表大会常务委员会提交专题询问中提出意见的研究处理情况报告。

监察机关对依法交由监察机关答复的质询案应当按照要求进行答复。口头答复的，由监察机关主要负责人或者委派相关负责人到会答复。书面答复的，由监察机关主要负责人签署。

95. 各级监察机关如何选聘特约监察员？

《监察法实施条例》第二百八十七条规定，各级监察机关可以根据工作需要，按程序选聘特约监察员履行监督、咨询等职责。特约监察员名单应当向社会公布。

监察机关应当为特约监察员依法开展工作提供必要条件和便利。特约监察员对监察机关提出的意见、建议和批评，监察机关应当及时办理和反馈。

本条第二款完善了特约监察员履职保障条款，以更好发挥特约监察员的监督作用。

96. 监察机关应当部署使用怎样的监察一体化工作平台？

《监察法实施条例》第二百九十条规定，监察机关应当部署使用覆盖信访举报、线索处置、监督检查、调查、案件审理等监察执法主要流程和关键要素的监察一体化工作平台，推动数字技术融入监察工作，通过信息化手段加强对监督、调查、处置工作的全过程监督管理。

本条是 2025 年修订的《监察法实施条例》新增规定，强调运用科技手段强化自身监管。

97. 监察机关及其监督检查、调查部门负责人如何加强对调查全过程的监督？

《监察法实施条例》第二百九十三条规定，监察机关及其监督检查、调查部门负责人应当定期检查调查期间的录音录像、谈话笔录、讯问笔录、询问笔录、涉案财物登记资料，加强对调查全过程的监督,发现问题及时纠正并报告。

对谈话、讯问和询问的同步录音录像,应当重点检查是否存在以下情形:

(1)以暴力、威胁等非法方法收集证据;

(2)未保证被调查人的饮食和必要的休息时间;

(3)谈话笔录、讯问笔录、询问笔录记载的起止时间与谈话、讯问、询问录音录像资料反映的起止时间不一致;

(4)谈话笔录、讯问笔录、询问笔录与谈话、讯问、询问录音录像资料内容存在实质性差异。

98. 监察机关及其工作人员在履行职责过程中如何依法保护企业产权和自主经营权?

《监察法实施条例》第三百零三条规定,监察机关及其工作人员在履行职责过程中应当

第七章　对监察机关和监察人员的监督

依法保护企业产权和自主经营权，严禁利用职权非法干扰企业生产经营。需要企业经营者协助调查的，应当依法保障其人身权利、财产权利和其他合法权益，避免或者尽量减少对涉案企业正常生产经营活动的影响。

监察机关查封、扣押、冻结以及追缴涉案财物，应当严格区分企业财产与经营者个人财产，被调查人个人财产与家庭成员财产，违法所得、其他涉案财产与合法财产。

查封经营性涉案财物，企业继续使用对该涉案财物价值无重大影响的，可以允许其使用。对于按规定不应交由企业保管使用的涉案财物，监察机关应当采取合理的保管保值措施。对于正在运营或者正在用于科技创新、产品研发的设备和技术资料等，一般不予查封、扣押，确需调取违法犯罪证据的，可以采取拍照、复制等方式。

本条强化了监察工作中依法保护企业产权和自主经营权的要求，完善了监察机关追缴涉案财物过程中保护企业、企业经营者合法财产的具体规定。

99. 什么情形下，监察机关对涉嫌严重职务违法或者职务犯罪的监察人员可以采取禁闭措施？

《监察法实施条例》第三百零四条规定，监察机关根据已经掌握的事实及证据，发现涉嫌严重职务违法或者职务犯罪的监察人员可能实施下列行为之一，经依法审批，可以在具备安全保障条件的场所对其采取禁闭措施：

（1）继续实施违法犯罪行为的；

（2）为被调查人或者涉案人员通风报信等泄露监察工作秘密的；

（3）威胁、恐吓、蓄意报复举报人、控告人、被害人、证人、鉴定人等相关人员的；

（4）其他可能造成更为严重的后果或者恶劣影响的行为。

《监察法实施条例》第三百零四条至第三

百零七条是2025年修订的《监察法实施条例》新增规定,细化了监察禁闭制度,对禁闭措施的适用情形、程序、工作要求和法律文书等作出具体规定,强化对监察人员职务违法犯罪的监督调查手段。

100. 采取禁闭措施有什么程序要求?

《监察法实施条例》第三百零五条规定,采取禁闭措施时,调查人员不得少于二人,应当向被禁闭人员宣布《禁闭决定书》,告知被禁闭人员权利义务,要求其在《禁闭决定书》上签名、捺指印。被禁闭人员拒绝签名、捺指印的,调查人员应当在文书上记明。

禁闭的期限不得超过七日,自向被禁闭人员宣布之日起算。

101. 采取禁闭措施后,监察机关应当如何通知被禁闭人员所在单位和家属?

《监察法实施条例》第三百零六条规定,

采取禁闭措施后，应当在二十四小时以内通知被禁闭人员所在单位和家属。当面通知的，由有关人员在《禁闭通知书》上签名。无法当面通知的，可以先以电话等方式通知，并通过邮寄、转交等方式送达《禁闭通知书》，要求有关人员在《禁闭通知书》上签名。有关人员拒绝签名的，调查人员应当在文书上记明。

因可能伪造、隐匿、毁灭证据，干扰证人作证或者串供等有碍调查情形而不宜通知的，应当按规定报批，记录在案。有碍调查的情形消失后，应当立即通知被禁闭人员所在单位和家属。

102. 什么情形下，可以解除禁闭或者变更为责令候查措施？

《监察法实施条例》第三百零七条规定，对被禁闭人员不需要继续采取禁闭措施的，应当按规定报批后解除禁闭或者变更为责令候查措施。禁闭期满的，应当按规定报批后予以

第七章　对监察机关和监察人员的监督

解除。

解除禁闭措施的,调查人员应当向被禁闭人员宣布解除禁闭措施的决定,由其在《解除禁闭决定书》上签名、捺指印;变更为责令候查措施的,应当向被禁闭人员宣布变更为责令候查措施的决定,由其在《变更禁闭决定书》上签名、捺指印。被禁闭人员拒绝签名、捺指印的,调查人员应当在文书上记明。

解除禁闭措施或者变更为责令候查措施的,应当及时通知被禁闭人员所在单位和家属、申请人。调查人员应当与交接人办理交接手续,并由其在《解除禁闭通知书》或者《变更禁闭通知书》上签名。无法通知或者有关人员拒绝签名的,调查人员应当在文书上记明。不得因办理交接手续延迟解除或者变更禁闭措施。

在禁闭期满前,对被禁闭人员采取管护、留置措施的,按照本条例关于采取管护、留置措施的规定执行。

103. 什么情形下，被调查人及其近亲属、利害关系人可以向监察机关提出申诉？

根据《监察法实施条例》第三百零八条规定，被调查人及其近亲属、利害关系人认为监察机关及其工作人员存在《监察法》第六十九条第一款规定的有关情形，向监察机关提出申诉的，由监察机关案件监督管理部门依法受理。监察机关应当自受理申诉之日起一个月以内作出处理决定。

前述规定的利害关系人，是指与有关涉案财产存在利害关系的自然人、法人或者其他组织。

《监察法实施条例》第三百零八条至第三百一十三条与新增监察强制措施等相适应，完善了对监察机关及其工作人员办案行为的申诉制度和责任追究规定，细化了申诉和复查程序。

第七章 对监察机关和监察人员的监督

104. 监察机关案件监督管理部门如何对申诉反映的问题进行核实?

《监察法实施条例》第三百零九条规定,监察机关案件监督管理部门受理申诉后,应当组织成立核查组,对申诉反映的问题进行核实。根据工作需要,核查组可以调阅相关措施文书等材料,听取申诉人意见和承办部门工作人员的情况说明。案件监督管理部门应当集体研究,提出办理意见,经审批作出决定。

105. 监察机关应当在什么期限内,向申诉人送达申诉处理决定书?

《监察法实施条例》第三百一十条规定,监察机关应当自申诉处理决定作出之日起七日以内,向申诉人送达申诉处理决定书,要求其在申诉处理决定书上签名。申诉人拒绝签名的,工作人员应当在文书上记明。

106. 申诉人对申诉处理决定不服的，可以向上一级监察机关申请复查吗？

《监察法实施条例》第三百一十一条规定，申诉人对申诉处理决定不服的，可以自收到申诉处理决定书之日起一个月以内向上一级监察机关申请复查。上一级监察机关应当进行核实，并自收到复查申请之日起二个月以内作出处理决定。

107. 监察机关如何加强留置场所管理和监督工作？

《监察法实施条例》第三百一十二条第一款、第二款规定，监察机关应当加强留置场所管理和监督工作，依法规范管理、使用留置场所。

留置场所应当建立健全保密、消防、医疗、防疫、餐饮及安保等方面安全制度，制定突发事件处置预案，采取安全防范措施，严格落实安全工作责任制。

108. 发生办案安全事故、事件的，如何处理？

《监察法实施条例》第三百一十二条第三款规定，发生被强制到案人员、被管护人员、被留置人员或者被禁闭人员死亡、伤残、脱逃等办案安全事故、事件的，应当及时做好处置、处理工作。相关情况应当立即报告监察机关主要负责人，并在二十四小时以内逐级上报至国家监察委员会。

第八章　法律责任

109. 有关单位拒不执行监察机关依法作出的处理决定的，如何处理？

《监察法实施条例》第三百一十四条规定，有关单位拒不执行监察机关依法作出的下列处理决定的，应当由其主管部门、上级机关责令改正，对单位给予通报批评，对负有责任的领导人员和直接责任人员依法给予处理：

（1）政务处分决定；

（2）问责决定；

（3）谈话提醒、批评教育、责令检查，或者予以诫勉的决定；

（4）采取调查措施的决定；

（5）复审、复核决定；

（6）监察机关依法作出的其他处理决定。

110. 监察对象对控告人、申诉人、批评人、检举人、证人、监察人员进行报复陷害的，如何处理？

《监察法实施条例》第三百一十五条规定，监察对象对控告人、申诉人、批评人、检举人、证人、监察人员进行打击、压制等报复陷害的，监察机关应当依法给予政务处分。构成犯罪的，依法追究刑事责任。

111. 控告人、检举人、证人诬告陷害的，如何处理？

《监察法实施条例》第三百一十六条规定，控告人、检举人、证人采取捏造事实、伪造材料等方式诬告陷害的，监察机关应当依法给予政务处分，或者移送有关机关处理。构成犯罪的，依法追究刑事责任。

监察人员因依法履行职责遭受不实举报、诬告陷害、侮辱诽谤，致使名誉受到损害的，监察机关应当会同有关部门及时澄清事实，消除不良影响，并依法追究相关单位或者个人的责任。

112. 监察机关应当如何建立健全办案安全责任制？

《监察法实施条例》第三百一十七条规定，监察机关应当建立健全办案安全责任制。承办部门主要负责人和调查组组长是调查安全第一责任人。调查组应当指定专人担任安全员。

地方各级监察机关履行管理、监督职责不力发生严重办案安全事故、事件的，或者办案中存在严重违规违纪违法行为的，省级监察机关主要负责人应当按规定向国家监察委员会作出检讨，并予以通报、严肃追责问责。

案件监督管理部门应当对办案安全责任制落实情况组织经常性检查和不定期抽查，发现问题及时报告并督促整改。

113. 监察人员在履行职责中有哪些职务违法和职务犯罪行为的，依法严肃处理？

《监察法实施条例》第三百一十八条规定，监察人员在履行职责中有下列行为之一的，依法严肃处理；构成犯罪的，依法追究刑事责任：

（1）贪污贿赂、徇私舞弊的；

（2）不履行或者不正确履行监督职责，应当发现的问题没有发现，或者发现问题不报告、不处置，造成严重影响的；

（3）未经批准、授权处置问题线索，发现重大案情隐瞒不报，或者私自留存、处理涉案材料的；

（4）利用职权或者职务上的影响干预调查工作的；

（5）违法窃取、泄露调查工作信息，或者

泄露举报事项、举报受理情况以及举报人信息的；

（6）对被调查人或者涉案人员等逼供、诱供，或者侮辱、打骂、虐待、体罚或者变相体罚的；

（7）违反规定处置查封、扣押、冻结的财物的；

（8）违反规定导致发生办案安全事故、事件，或者发生安全事故、事件后隐瞒不报、报告失实、处置不当的；

（9）违反规定采取强制到案、责令候查、管护、留置或者禁闭措施，或者法定期限届满，不予以解除或者变更的；

（10）违反规定采取技术调查、限制出境措施，或者不按规定解除技术调查、限制出境措施的；

（11）利用职权非法干扰企业生产经营或者侵害企业经营者人身权利、财产权利和其他合法权益的；

（12）其他职务违法和职务犯罪行为。

114. 对监察人员在履行职责中存在违法、犯罪行为的，如何处理？

《监察法实施条例》第三百一十九条规定，对监察人员在履行职责中存在违法行为的，可以根据情节轻重，依法进行谈话提醒、批评教育、责令检查、诫勉，或者给予政务处分。构成犯罪的，依法追究刑事责任。

115. 监察机关及其工作人员在行使职权时，具有哪些情形的，受害人可以申请国家赔偿？

《监察法实施条例》第三百二十条规定，监察机关及其工作人员在行使职权时，具有下列情形之一的，受害人可以申请国家赔偿：

（1）违法采取管护、禁闭措施，或者依照法定条件和程序采取管护、禁闭措施，但是管护时间、禁闭时间超过法定时限，其后决定撤

销案件的;

(2) 采取留置措施后,决定撤销案件的;

(3) 违法没收、追缴或者违法查封、扣押、冻结财物造成损害的;

(4) 违法行使职权,造成被调查人、涉案人员或者证人身体伤害或者死亡的;

(5) 其他侵犯公民、法人和其他组织合法权益造成损害的。

受害人死亡的,其继承人和其他有扶养关系的亲属有权要求赔偿;受害的法人或者其他组织终止的,其权利承受人有权要求赔偿。

第九章 附 则

116. 什么是严重职务违法？

《监察法实施条例》第三百二十三条第一款规定，本条例所称严重职务违法，是指根据监察机关已经掌握的事实及证据，被调查人涉嫌的职务违法行为情节严重，可能被给予撤职以上政务处分。

117. 什么是重大职务犯罪、重大贪污贿赂等职务犯罪？

《监察法实施条例》第三百二十三条第二款规定，本条例所称重大职务犯罪、重大贪污贿赂等职务犯罪，是指具有下列情形之一的职务犯罪：

（1）案情重大、复杂，涉及国家利益、重

大公共利益或者犯罪行为致使公共财产、国家和人民利益遭受特别重大损失的;

（2）被调查人可能被判处十年有期徒刑以上刑罚的;

（3）案件在全国或者本省、自治区、直辖市范围内有较大影响的。

118. 同种罪行和不同种罪行，应当如何区分?

《监察法实施条例》第三百二十四条规定，本条例所称同种罪行和不同种罪行，应当以罪名区分，但属选择性罪名或者在法律、事实上密切关联的犯罪，应当认定为同种罪行。

119. 如何计算期间?

《监察法实施条例》第三百二十七条规定，期间以时、日、月、年计算，期间开始的时和日不算在期间以内。本条例另有规定的除外。

按照年、月计算期间的，到期月的对应日

为期间的最后一日；没有对应日的，月末日为期间的最后一日。

期间的最后一日是节假日的，以节假日结束的次日为期间的最后一日。但被调查人被采取责令候查、管护、留置或者禁闭措施的期间应当至期满之日为止，不得因节假日而延长。

ISBN 978-7-5216-5415-8

定价：10.00元